Ar Ynys Hud

MABLI HALL

Dymuniad pawb yw ymgartrefu

Wrth geisio'r ymgartrefu hwnnw
y mae gobaith

MAE'N GOFYN YMDRECH i gyrraedd Iona. Nid ar chwarae bach mae cario pwn ar yr Inter City i Glasgow, ar y Scotsman i Oban, ar fferi Caledonian MacBraine i Craignure, ar draws gwlad ddiarffordd Ynys Mull mewn bws, a thros y swnt i Iona. Ac eto, mae cannoedd yn heidio yno o bob cyfandir. Rhai am brynhawn, eraill am wythnos neu ddwy, ac ambell un am eiliadau tragwyddol.

Dod yma i weithio yn un o'r gwestai lleol wnaeth RW. Credai fod hyd yn oed gwaith yn wyliau ar Iona. Ond mae pob dechreuad yn anodd, ac i RW mae pob dechreuad yn ymestyn yn boenus o hir, a phob dim yn chwyldroi i ebargofiant. Dydy addasu i sefyllfaoedd dieithr ddim yn dod yn hawdd iddi. Bach-y-nyth fu hi erioed, ac felly yn oes oesoedd petai hi'n ildio. Ond yn ei dymor, mae ei gallu i fentro yn deffro.

AR HYNT

Croesi'r swnt
I ben draw'r byd,
Wele Iona,
Cyffin rhwng pwyll a gorffwyll.
Nid lle i fentro iddo
Ar siawns.
Llecyn dymuniad llawer,
Tir na n-Óg y gogledd pell.

Fe ddônt yn eu cannoedd
I edrych am feddau brenhinoedd
Duncan a Macbeth.
Tra, o'r neilltu, y cleddir Mary MacLean,
Yn gant a phedair oed,
Piler cymdeithas.
Cylchdro bywyd ynyswyr unig
Yn cydredeg ag amserlen llongau
Caledonian MacBraine.

Yr un yw bywyd yn y bôn,
Y cecru a'r caru
A'r boreau coffi.

Des innau i'r ynys bellennig
Fel meudwy'n ceisio'i gell,
I ganfod y golomen yn y graig,
Yr ŵydd wyllt yn y grug.
Cymuno â chylchdro'r canrifoedd,
Miniogi gorwel gogoniant, trothwy tywyllwch,
I ddirnad cyfaredd y Porth Claerwyn.

ARGRAFFIADAU CYNTAF. Matresi blith draphlith, pedair wal foel, celfi diflas, a haid o bryfetach yn bombardio'r ddwy ffenest. Tywyswyd hi i'r Potting Shed – am nad oedd lle yn y llety. Dyma ei chartref newydd. Potensial, meddyliodd. Rhoi dillad glân ar y gwely, digon o olau haul, yr ardd ar stepen y drws, a chath ddu wedi crwydro i mewn – pa angen mwy?

Mae'r dieithrwch yn ystumio. Pawb a phopeth yn ymddangos yn fwy na'r cyffredin. Eisteddodd RW efo gweddill y staff i fwyta swper. 'Fy enw yw RW. Balch i gwrdd â chi.' Pigodd ar ei bwyd a gwenu'n bwrpasol. Teimlodd fel cysgod yn ei chornel ar gyrion y sgwrs. Clustfeiniodd am enw neu gyfeiriad cartrefol er mwyn meidroli'r cewri o'i chwmpas. Rab â'i lygaid gwyrdd deniadol, Molly â'i gwallt ffwrdd-â-hi, Sam yr hipi melfedaidd, Mari angen sylw, Donna â'i gwên gyfeillgar, David â'i atal dweud, Martin, Rebecca a John.

Roedd gwaith yn galw, a gadawyd RW efo Pat y Garddwr. Yntau yn cynnig papur dyddiol iddi, a RW yn diflannu y tu ôl i'w dudalennau yn ddiolchgar.

GWESTY CARTREFOL ar lan y môr ym mhentref Iona. Fe'i hadeiladwyd yn wreiddiol fel tafarn yn 1868. Heddiw, mae yma 19 ystafell wely – rhai a golygfeydd dros y swnt tua bryniau Mull, rhai a golygfa dros yr ardd a'i gwelyau blodau a llysiau. Gellir dewis haul y bore neu haul y prynhawn. Mae i bob ystafell wely ei blanced drydan, a modd gwneud te neu goffi, rhai â chyfleusterau preifat. Croesewir plant, a gellir trefnu ystafell deulu. Dwy ystafell fyw gyfforddus yn llawn llyfrau amrywiol, tân agored a gêmau i'r plant. Darperir bwyd llysieuol yn ogystal â phrydau i rai sydd ag anghenion bwyd arbennig. Mae bar ar gyfer y gwesteion, a dewis eang o winoedd. Awyrgylch gynnes, staff croesawgar, gwesty effeithiol. Croeso i'r Argyll!

CHWE DIWRNOD sydd i'r wythnos waith yma. Cychwyn am chwarter i wyth y bore tan hanner awr wedi dau. Tair awr o siesta, ac yn ôl at y gwaith rhwng hanner awr wedi pump a naw o'r gloch yr hwyr, neu pa bynnag awr o'r nos y cyfyd y gwesteion oddi wrth eu byrddau. Ffeithiau moel arferion Gwesty'r Argyll. O fewn ychydig ddyddiau yn unig cafodd RW berlau o brofiadau.

Dyna'r tro cyntaf yn glanhau ystafelloedd, ac yn cael cyfarwyddyd answyddogol i fod yn gynnil efo'r Jif gan nad oedd yn *biodegradable*!

Yna'r tro cyntaf yn gweini wrth y byrddau o dan lygad Martin y Profiadol. Paced coffi gwyrdd i frecwast, coch i swper. 'I remember that,' meddai Martin yn ei Saesneg Caergrawntaidd, 'because I wear green socks for dinner. The coffee carton colour is therefore the opposite of my sock colour.' Dim problem, meddyliodd RW, gan ddifaru nawr iddi beidio â phacio ei thrywsanau gwyrdd.

Nid rhwydd ei thrafferthion wrth arllwys ei pheint cwrw cyntaf, a hithau wedi byw bywyd dirwestol hyd yma. Prin ydoedd hi wedi clywed sôn am y gwirodydd ag enwau cyfareddol fel Drambuie a Tia Maria. Ond buan y magodd hithau flas am ambell beint o Guinness.

A phwy glywodd am berson graddedig na allai gynnau tân, hyd yn oed gyda chymorth Meibion Glyndŵr? Roedd hi'n enigma yn wir i'r criw gwydn yma yn y Gogledd Pell.

Dyma'r meddyliau sy'n ei diddanu wrth ymlacio yn ei hystafell. Lle i bensynnu – Potting Shed yn wir!

RIDL-MI-RI

Rhodd bedydd
Y cenedlaethau a fu,
Ar lestr arian
Yn pefrio.

Wrth dy fodd

Cuddiaist yn fy sach storïau,
Llechaist yn fy ngharreg ateb,
Lliwiaist fy lluniau.

Gwisgaist fy nghôt,
Cynlluniaist fy ngwisg,
Gelwaist fy enw ag

Angerdd!

Curiad fy nghalon,
Cyffro fy symud,
Prifiant fy esgyrn.

Cymynnaist gystrawen,
Gwlad, pobl, iaith, hiraeth –

A minnau'n ddiniwed.

Ymrannodd
Un genyn cudd, aflonydd,
Wedi aros ei gyfle.

Mentrais ymhell,
Tu hwnt i'r filltir sgwâr,
Gan gredu yn dy gwmni.

Fe'n datgymalwyd mewn dieithrwch
Diddrwg-didda.
Mabwysiedais batrwm arall
Cymhleth-cynhwysfawr.
Tithau'n sefyllian yng
Nghof y celloedd.

Bellach, ti yw
Fy acen bert,
Fy enw od,
Fy mân siarad.

Fy nhîm rygbi,
Fy nghôr meibion,
Fy nghennin Pedr.

Fy nghwpan te
A'i staen
Yn f'atgoffa taw

'Hapusrwydd yw cofio'ch Cymraeg'

A minnau'n dyheu 'ngeni drachefn.

GWEINI WRTH Y BYRDDAU oedd prif waith RW. Doedd hi ddim yn mwynhau bod yn llygad y cyhoedd dair gwaith y dydd, ond rywsut doedd neb yn sylwi ar ei hansicrwydd. Yn wir, doedd neb llawer yn sylwi arni hi na Martin y Profiadol yn gwibio yn ôl ac ymlaen dan bwysau hambwrdd o lestri. 'You both seem to be floating around the dining room,' meddai un dyn. 'Yes,' atebodd Martin, 'we sometimes float into each other!' Chwerthin mawr. Martin y Ffraeth.

Ambell fore braf, fel heddiw, a RW wedi codi'n gynt na'r arfer i roi'r llaeth ar y byrddau brecwast, câi gyfle i eistedd yn yr ymlacfa yng nghanol y *geraniums* coch. Bwrw golwg tua Ben More a'r haul yn gwanu ei wres o grib y mynydd. Gwydrau'r ceir ar y lan gyferbyn yn dal y pelydrau, ac yn danfon negeseuon cudd fel protest am gael eu hamddifadu cyn pen y daith. A thua'r de, ar fore clir ymddengys paps Jura yn ddu-las ar y gorwel. Y dduwies Geltaidd yn gorwedd ar ei hyd yng nghafn y ddaear. Mae hi'n breuddwydio. Pan gychwyn y fferi dros y swnt o Fionnphort, gŵyr RW mai ond ychydig funudau sydd ganddi'n weddill. Heb os, am wyth o'r gloch ymlwybra'r cyntaf i mewn i frecwasta. Diwrnod newydd arall.

HEDDIW, cyn gadael yr ystafell fwyta am oriau rhydd y nos, dangoswyd yr arolwg canmoladwy yn y *Good Hotel Guide* i RW. Pendronodd dros un frawddeg yn arbennig – 'Dining room has a piano round which the girls who serve at table sometimes gather after dinner to try out a little Mozart or Bach.' Rhybuddiwyd mohoni o hyn. Pawb o'i chwmpas yn chwerthin yn iach; RW heb yngan gair ond ei golwg yn cyffesu'r cwbl.

'AND WHAT DO YOU *USUALLY* DO?' oedd y cwestiwn ddanfonodd RW i ryw barlys mud y bore yma wrth iddi geisio cadw trefn ar yr archebion brecwast. Disgwylir nid yn unig i'r weinyddes fedru cofio pob chwaeth frecwastol i'r manylyn lleiaf, ond ar yr un pryd fedru ateb cwestiynau am ei bywyd personol. Mae RW yn dechrau deall fod rhaid cadw system ffeilio yng nghornel ei meddwl sy'n cynnwys atebion pwrpasol i'w saethu'n slic at bob cwestiwn o'r fath. Cyfle gwych i arbrofi â rhyw gymeriad dychmygol, meddyliodd. Ar y llaw arall mae realiti ei chymeriad presennol yn ddigon iddi i'w gadw mewn trefn, yn enwedig yn ei sefyllfa newydd.

A pha bryd y gellir diosg gwisg y nofis? Pan fo gan RW ateb i bob cwestiwn heb orfod ymgynghori â'r Pwerau Uwch yn y Swyddfa. Pan fo amserlen y Fferi ar ei chof. Pan fo dyddiadau geni a marw Columba yn wybyddus iddi. Pan fo amserau pob gwasanaeth crefyddol ar yr ynys ar flaen ei thafod, yn ogystal ag amser agor y siop, amser casglu'r post, ac amser swper. Ac yn bwysicach oll, pan fo'r ddawn o ragolygu'r tywydd wedi'i meistroli ar sail un olwg gysglyd drwy'r ffenest, a heb help swyddfa'r Met. 'Please, I'm just the waitress!'

GADAWODD RW Y GWESTY am y tro cyntaf y prynhawn hwnnw. Dringodd y bryncyn y tu ôl i'r ysgol. Mae lleisiau'n cario, lleisiau'n mwynhau gwyliau. Eisteddodd ar gadair wedi ei mowldio yn y graig. Daeth hon i fod yn encil cyson iddi. Uwchben pryderon bywyd mae popeth yn dod at ei gilydd. A beth yw popeth? Popeth yw'r teimladau ansicr, cymysglyd sy'n cronni oddi mewn. Yr holl ymdrech o geisio gwneud synnwyr o newydd-deb ei sefyllfa. A beth yw dod at ei gilydd? Dod at ei gilydd yw'r rhyddhad a ddaw pan fo'r holl deimladau yn ildio i eiliadau tragwyddol. Pan fo amser yn oedi, fel saib ar ddiwedd yr Adagio.

Daeth ei monopoli ar y Potting Shed i ben. Doedd hi erioed wedi rhannu ystafell o'r blaen. Nid oedd y syniad yn apelio. Rebecca ddaeth i feddu'r gwely arall. Tynnwyd llinell i lawr canol yr ystafell. Y dde gwyllt, di-drefn, di-siâp, digymell; a'r chwith gofalus, tangnefeddus, trefnus a manwl. Y gwyllt yn syllu ar y gofalus, a'r manwl wyneb yn wyneb â'r di-drefn. Sut oedd ymateb i'r newid yma yn ei hafan deg? A fyddai'n rhaid cyfiawnhau pob symudiad, pob munud dawel, pob brawddeg?

'I CHING!' MEDDAI RAB. 'I Ching?' gofynnodd RW. Nodiadau: I Ching (Book of Changes). Llyfrau Oraclau. Casgliad o destunau ar ddyfaliaeth. Divination yn Saesneg. Dewiniaeth yn ôl y Geiriadur Mawr. Ond lle mae'r divine yn y gair dewiniaeth? Dyna'r anfantais gyntaf i unrhyw un sydd am gyflwyno'r clasur Confusiaidd yma i Gymro neu Gymraes wedi eu trwytho yn Y Pethe. Ond ymlaen! Dyfaliaeth wedi ei seilio ar gyfres o chwe deg pedwar chweban (hexagram). Y rhain wedi eu creu gan gyfuniadau gwahanol o linellau cyflawn a thoredig sy'n adlewyrchu'r ddau rym elfennol o fewn Natur a chymdeithas – yr *yin* a'r *yang*. Gellir pennu y chweban trwy daflu tair ceiniog. Patrwm y ceiniogau sy'n dynodi natur y chweban a'r dehongliad pwrpasol at yr achlysur. Gofynnir cwestiwn i'r *Ching* i geisio arweiniad.

Cardiau Tarot, oraclau – dyma fyd dieithr i RW. Ond roedd Rab yn dyner a gofalus ohoni. Dysgodd lawer. Rhoddwyd yr *I Ching* heibio am y tro.

ROEDD FFAWD wedi dethol yn ddoeth unwaith yn rhagor. Tyfodd y Potting Shed yn encil sefydlog. Treuliwyd aml i brynhawn heulog a gwlyb yno. Rebecca yn alltud ar stepen y drws yn mowldio ei Golden Virginia yn gelfydd rhwng ei bysedd. RW yn gorwedd ar ei gwely yn codi cestyll yn yr awyr. A Daisy'r gath yn dawnsio gwerin rhwng eu coesau. Mae'n rhaid fod rhyw dueddiad daionus ar waith i daflu deunydd dwy ffrind at ei gilydd fel hyn. Darganfod cysylltiadau trwy Schubert, Shostakovich a Bach. Deunydd trafod yn Kafka, Camus a Swift. Blas ar groeseiriau'r *Guardian* – y *cryptic* i Rebecca, a'r *quick* i RW. Oedd, meddyliodd RW, roedd pethau'n dod at ei gilydd.

Prynhawn gwlyb a phedwar ohonynt yn cysgodi yn y Potting Shed. Tri ar y llawr yn canolbwyntio ar fwrdd gwyddbwyll. RW mewn arallfyd gwanwynol yn gwrando ar Debussy Preludes.

CHWE DIWRNOD sydd i'r wythnos waith yma, a'r seithfed dydd sydd sanctaidd.

Mae rhywbeth anghyfarwydd ynglŷn â chael diwrnod o orffwys ar ddydd Mawrth. Tybia yn siŵr fod yr wythnos yn hwy. Rhaid gwneud yn fawr o hwn felly.

Roedd y gwynt yn ffyrnig o ffres pan gychwynnodd RW o'r gwesty. Amheuai y byddai'r tywydd yn troi, ac y diflannai'r haul am weddill y diwrnod. Ond mentro wnaeth RW efo'i llyfrau, ei thocyn bwyd a'i chôt law. Brwydrodd yn erbyn y gwynt i gyrraedd pegwn y gogledd, ond nid gornest rhwng dau elyn ydoedd hon oblegid chwarae oedd y gwynt.

Cyrhaeddodd y traeth. Doedd neb o gwmpas ond y hi ac ambell wylan. Ymledai'r tywod gwyn a'r môr dyfnlas o'i blaen. Teimlodd ddewin wrth ei hymyl yn cyflwyno'r cyfan iddi â breichiau agored. Teimlodd yn anesmwyth – a oedd rhywun yn ei gwylio? Ond na, toddodd y cwbl yn Un – y hi, y gwylanod a'r dewin. Cerddodd yn nhraed ei sanau gydag ymyl y dŵr. Eisteddodd yng nghanol yr ehangder gwyn – un ronynnen yn amlder y tywod. Ymlwybrodd yn ôl at lecyn cysgodol a sŵn byddarol y tonnau yn tawelu yn ei chlustiau hyd nes y gallai glywed ei thraed yn llusgo trwy'r tywod.

Cynigir y byd yn gyfan i ti,
I'w ddatgelu.
Nid oes ganddo ddewis,

Fe hyrddia ei hun mewn gorfoledd wrth dy draed.

(F.Kafka)

HEDDIW, nid oes amser i'w golli. Mae RW yn gweini cinio canol dydd i bum deg tri o ymwelwyr Siapaneaidd. Ceisia RW a Martin y Profiadol rag-weld pob digwyddiad posibl. Daw grŵp o deithwyr tramor bob pythefnos – Ffrancwyr, Eidalwyr, Almaenwyr, Siapaneaid, pawb â'u hanghenion unigryw. Gobeithio nad tro yr arweinydd hwnnw yn ei drywsus lledr du, ei grys melyn, ei sgidiau cowboi, a'i dunnell o dlysau aur yw hi heddiw, meddyliodd RW. Ceisia RW a Martin y Profiadol gynnal tôn esthetig yr ystafell fwyta. Ceisiant hefyd gadw eu pwyll. Rhaid ildio yn y pen draw, ac ymdoddi yn y sgwrsio uchel dôn, a'r rhuthr am y byrddau bwyd. Trawsnewidir yr ystafell yn gantîn. Ni chaiff RW fawr o hwyl yn baglu dros gotiau a chamerâu wrth geisio trosglwyddo'r cawl o'r gegin i'r byrddau. Troi'n ffotograffydd tra bo'r grŵp yn ciwio am y bwffe. Ni chânt hwythau fawr o hwyl ar yr hufen iâ a'r cyrrens duon. Maent yn dotio at y lle, a'u hwynebau yn bictiwr o ddiolchgarwch a chyfeillgarwch. Pawb yn gwenu, ychydig yw swyddogaeth geiriau yma.

Ystumiau i ddangos lleoliad y tai bach, cyn i'r 'model' o arweinydd heidio ei braidd yn ddidrugaredd tua'r Abaty. Ac mae hi'n tywallt y glaw!

NI LWYDDODD I ROI PÍN AR BAPUR cyn hyn. Efallai y daw ysbrydoliaeth heddiw. Dau ddiwrnod yn ôl ydoedd pan deimlodd RW ysfa i adael y gwesty

a mynd am dro. Trodd tua'r gogledd. Arbrofodd gyda'i chamera yng nghyffiniau'r Abaty a theimlai'n hapus. Trodd am yr amgueddfa, ond yn hytrach agorodd y drws i gapel St Michael. Trawyd hi'n stond gan donnau o arogldarth. Nid arogl cynefin ydoedd hwn. Meddyliodd am y Tad Barnabas a'r Eglwys Uniongred Rwsiaidd. Safodd yng ngoleuni pŵl cil y drws. Trodd yr ystafell yn dyner tuag ati a'i hebrwng i mewn. A oedd wedi bod yn disgwyl yn hir?

Mesmereiddiwyd hi'n llwyr am ennyd. Ni feiddiai symud rhag iddo ddiflannu. Yna lloriwyd hi gan ei rheswm. 'Rhaid tynnu llun,' meddai. Ond ni fedrai estyn am y mecanwaith. Nid oedd am golli gafael ar ei darganfyddiad, ond ei gadw yng nghannwyll ei llygad am byth. Atgoffwyd hi o hen eglwysi bach gwledig Cymru – Partrisio, Capel y Ffin, Penmon. Lleoedd gwrywaidd, yn gadarn a diogel – para byth. Doethineb hen ŵr. Ond yma, oddi mewn i'r pedair wal gerrig, roedd y benywaidd wedi ymdreiddio. Sgarff sidan o darth melys yn tymheru'r oerni. Y cyfuniad yma sy'n amddiffyn RW o un newid i'r llall. Cydbwysedd yr *yin* a'r *yang*? Caeodd y drws ac eistedd i ystyried. Gwelodd y llen arogldarth yn hofran uwch yr ystafell. Gwelodd yr haul yn cyfeirio ei olau gwyn ar yr icon ar y sil ffenest. Gwelodd gysgod a gwawl llun du a gwyn o'i chwmpas. Gwgodd. Gallai glywed lleisiau y tu allan, a llaw ar fwlyn y drws. 'I can't open the door,' meddai'r llais, a diflannu. Gwenodd. Nid oedd y llun hwn i'w rannu.

Cofiodd yr adnod '. . . ac ysbryd Duw yn ymsymud ar wyneb y dyfroedd.' Ai dyma oedd hwn – ysbryd Duw yn gori uwch y dyfnder? Atgoffwyd hi o ddarn o farddoniaeth:

> *It is this great absence that is like a*
> *presence, that compels me to address it*
> *without hope*
> *of a reply. It is a room I enter*
>
> *from which someone has just*
> *gone, the vestibule for the arrival*
> *of one who has not yet come.*
>
> *(R.S.Thomas)*

Ac felly roedd hi. Fe ddaeth ac fe aeth gan adael ei ysbryd yn llechu mewn llen o arogldarth. A pho hwyaf yr eisteddai RW yno, mwy, mwy oedd y teimlad ei fod yn raddol ailfeddiannu ei bresenoldeb. Yn araf dechreuodd hithau synhwyro ei bod hi'n bryd mynd. Edrychodd ar ei horiawr.

Deng munud i bedwar. Digon o amser i fod yn ôl erbyn te efo Rab.

'GWE PRY COP! Gwe pry cop!' galwodd un o'r Pwerau Uwch yn dwyllodrus wrth hwylio heibio i RW ar un o'i deithiau o'r Swyddfa. Gwenodd RW. Gŵyr iddi esgeuluso'r corneli pell ers tro. Aeth i edrych am y dwster plu i'w gogleisio.

A'R SEITHFED DYDD SYDD SANCTAIDD. Na wna ynddo ddim gwaith, tydi, na'th fab, na'th ferch, na'th wasanaethwr, na'th wasanaethferch.

Daeth seithfed dydd arall. Cododd RW yn gynnar er mwyn dringo'r bryncyn y tu ôl i'r ysgol i dynnu lluniau cyn i'r haul godi. Mwynha arbrofi â'i chamera ac mae rhai golygfeydd na ellir eu cofnodi â phapur a phensil. Petai geiriau yn ddigonol, meddai rhywun, ni fyddai'n rhaid straffaglio i gario'r mecanwaith yma o gwmpas!

Cyrhaeddodd y grib. Gobeithiai anfarwoli'r gefnen

dywyll sy'n rhedeg ar hyd arfordir Mull a'r haul yn ymwthio o'r tu ôl iddi. Ond roedd hi'n rhy hwyr. Llwynog yw'r haul, mi gododd wrth i RW rwbio cwsg o'i llygaid.

Perswadiwyd RW i fynd i Staffa y bore hwnnw. 'You won't get a better day,' meddai Peter, a'r haul yn diflannu tan gwmwl. Peter, pysgotwr dynion, yn recriwtio ar gyfer ei gwch.

Roedd y tonnau'n ddof, ond teimlai RW ryw gyffro wrth i'r cwch adael cysgod Iona ac anelu am y môr mawr. Prin y medrai amgyffred yr ehangder oedd o'i blaen, rhyw dawelwch yn ymsymud ar wyneb y dyfroedd, a'r gorwel yn cwmpasu'r cwbl. Teithio mewn cwch ar fôr tawel a symudiad esmwyth y tonnau i fyny ac i lawr. Rhaid symud efo'r llif, nid yn ei erbyn. Dyna sut i osgoi salwch môr, medden nhw.

O bell, anodd yw lleoli Staffa yng nghysgod Mull, ond wrth nesáu ati ni ellir ei chamgymryd. Ei hamlinelliad unig a dwys fel morfil amddifad a ymwthiodd i'r wyneb mewn dŵr bas. Gweddill yr haig yn glwstwr yn y pellter – Ynysoedd y Treshnish, Geometra a Colonsay Fach.

Doedd yno fawr o fywyd – defaid yn pori, ond y

tymor adar wedi dirwyn i ben. Twristiaid oedd bywyd Staffa. Hithau mor ddiymadferth yn goddef cael ei ffilmio, ei ffotograffio, ei llygadu, ei thrin a'i thrafod a'i thramwyo.

Wrth nesáu sylweddolir beth yw'r atyniad sydd wedi denu mawrion fel Mendelssohn a'r Frenhines Victoria. Colofnau yn eu cannoedd, wedi'u mesur yn ofalus, a'u harddangos yn grefftus. Fel côr plant mewn Eisteddfod – ffenest i bob wyneb! I feddwl fod y Patrwm hwn yn bod cyn i ddyn ddarganfod cŷn a morthwyl.

Wyddoch chi sut y daeth yr ynys i fod?

Cawr oedd Torquil MacLeod yn byw ar Ynys Eigg. Rhyw ddiwrnod, roedd yn ymweld â Sarn y Cawr yng Ngogledd Iwerddon. Swynwyd ef gan siâp unigryw y graig honno a phenderfynodd roi peth ohoni yn ei sach. Wrth iddo deithio adref i Eigg gwnaeth y graig dwll yn sach Torquil a chwympodd y cyfan i'r môr. Staffa yw darn Torquil MacLeod o Sarn y Cawr. Rhyfedd yw dawn dychymyg. Cred rhai mai Staffa yw pegwn dwyreiniol y Sarn sy'n cychwyn yng Ngogledd Iwerddon ac yn dilyn gwely'r môr hyd nes cyrraedd Staffa.

Roedd y bore hwnnw ar Staffa yn cynnig theatr

berffaith i fyd mytholeg. Y lliwiau llwydlas, porffor a gwyn heb haul i'w sirioli, ond llen niwlog i'w lledrithio. Tawelwch llethol a llond llaw o bobl yn crwydro'n ddiamcan. Mae tipyn mwy o ramant mewn mytholeg Geltaidd na bywyd yr ugeinfed ganrif.

Ar y fordaith adref gwelwyd morfil, ond roedd RW yn twrio yn ei phwrs am arian i dalu am y trip, ac mi aeth y morfil o'r tu arall heibio.

MAE YNA DDARN o'r ynys i ddiwallu pob tymer. Nid yw RW, fodd bynnag, yn troi ei bwriadau tua'r pegwn deheuol yn aml iawn. Ni theimla fod y de o fewn cyrraedd bob amser. Mae'n codi ofn arni weithiau, yn enwedig y cornel pell-ddwyreiniol, fel pe bai'n ymgorfforiad o deimladau anesmwyth yr isymwybod, na ddylid eu cynhyrfu'n ormodol. Rhaid paratoi ar gyfer y de, neilltuo diwrnod, magu nerth, prynu map. Heddiw mae RW yn teimlo'n anturus, ac mae enwau megis Bae Columba, Porthladd y Cwrwgl, y Chwarel Farmor, Bryn yr Ŵyn, Gardd Hector yn ei denu. Ond gwell cymryd gofal i fod ar dir cyfarwydd cyn iddi nosi.

Wrth gyrraedd y copa y tu hwnt i'r Loch, ac edrych i lawr tua Bae Columba, teimla RW am ennyd fel pe bai yn cerdded llwybrau Pen Llŷn, ac yn edrych allan tuag Ynys Enlli. Rhyw atgof pell. Beth tybed yw'r cysylltiad rhwng y ddwy ynys? Un o'r ugain mil o saint efallai? Columba yw nawdd sant Iona heb os. Pwy oedd y dyn hwn, meddyliodd RW, fod hyd yn oed gweinyddesau Gwesty'r Argyll yn gorfod ateb cwestiynau yn ei gylch? Beth amdani felly – 'This is your life, Columba!' – ffaith neu ffuglen?

*   Fe'th ganed ger Lough Gartan, Donegal, ar 7 Rhagfyr 521, a thithau felly yn dod o dan arwydd Zodiac y Saethydd. Cefaist ddau enw gan dy fam – Crimthan, y blaidd, a Colum, y golomen. Gellir dweud fod nodweddion y creaduriaid yma yn amlwg yng nghwrs dy fywyd.

*   Mab oeddet i bennaeth llwyth O'Donnel, un o ddisgynyddion Niall, brenin Iwerddon. Tywysog Gwyddelig oeddet, wedi dy ragarfaethu i fod yn offeiriad. Derbyniaist addysg fynachaidd orau'r dydd yng nghymuned Clonard, gan ddarllen a chopïo llawysgrifau o dan oruchwyliaeth Sant Finnian.

*   Treuliaist dy flynyddoedd hyd at ganol oed

yn dysgu a sefydlu mynachlogydd ar hyd a lled Iwerddon, gan gynnwys cymuned Kells.

*   Nid oedd Iwerddon yn wlad heddychlon hyd yn oed yn y chweched ganrif. Blinwyd hi gan ryfeloedd cartref rhwng penaethiaid llwythau. Mae nifer o hanesion ar goedd i esbonio pam yn union y gadewaist dy wlad. Yn ôl rhai, fe'th rwydwyd i ganol y cynhennu hwn pan reibiwyd dy eglwys gan un o'r tywysogion plwyfol. Fe'th gynhyrfwyd i arwain dy dylwyth i ryfel, o dan oruchwyliaeth neb llai na'r Archangel Michael. Sicrhawyd buddugoliaeth pan laddwyd tair mil o baganiaid. Er hyn, nid oedd yr eglwys Wyddelig yn hapus â'r marwolaethau dianghenraid yma, ac fe'th orchmynnwyd i achub yr un nifer o eneidiau ag a laddwyd yn y frwydr. Penderfynaist fynd ar dy genhadaeth i le a oedd y tu hwnt i orwelion Iwerddon.

*   Hwyliaist gyda deuddeg mynach yn gwmni mewn cwrwgl tua'r Alban, gan lanio yn y pen draw ar arfordir deheuol ynys fechan Iona. Nid oedd golwg o dir Gwyddelig ar draws y môr, felly penderfynaist aros yma er na chynigiodd yr ynys argraff addawol gyda'i chreigiau gerwin. Y flwyddyn oedd 563.

*   Sylweddolaist, er hyn, fod yr ynys yn ei chyfanrwydd yn llawn posibiliadau – tir ffrwythlon cysgodol, cynhaliaeth y môr. Dy fwriad oedd sefydlu cymuned hunangynhaliol wedi'i chysegru i Grist. Adeiledaist dy eglwys gyntaf ychydig i'r gogledd o safle presennol yr Abaty. Yn raddol, ychwanegwyd at yr adeiladau wrth i'th enwogrwydd fel athro ac arweinydd ddenu mwy a mwy o ddilynwyr i Iona. Trodd yr ynys yn fan pererindod yn ogystal â ffynhonnell cenhadon.

*   Pregethu Cristnogaeth Geltaidd oedd dy dasg ac nid crefydd yr eglwys Rufeinig. Roedd Cristnogaeth Geltaidd yn adnabod doethineb Duw yn y greadigaeth, ac yn ei addoli yn feunyddiol. Natur oedd y Datguddiwr, a phan ddaeth Crist i'r byd trawsffurfiwyd y ddaear yn gyfan – daeth yr ysbrydol i'r byd materol. Un o'th nodweddion oedd dy grefft o gyfuno agweddau o'th gred Gristnogol â rhai o gredoau'r hen Baganiaeth ac felly greu sylfaen i undod.

*   Lledodd dylanwad dy eglwys trwy ddulliau gwleidyddol a thactegol, dulliau a gefnogwyd gan y Pwerau Dwyfol yn dy freuddwydion.

*   Pan oeddet yn siŵr o ffyniant dy gymuned ar Iona, penderfynaist fynd ar deithiau cenhadu, gan ddychwelyd i Iona am heddwch a gorffwys. Cofnodir llawer i stori ddifyr am dy anturiaethau yn llyfr dy gofiannwr Adamnan. Wyt ti'n cofio'r

daith o gwmpas Loch Ness pan ddaethoch ar draws rhai o'r ardalwyr yn claddu un o'u cyfeillion a laddwyd gan anghenfil oedd yn byw yn nyfroedd Afon Ness? Tithau yn gorchymyn i un o dy gyd-deithwyr nofio ar draws yr afon i gyrchu'r fferi o'r lan gyferbyn. Denwyd yr anghenfil gan symudiadau'r nofiwr a rhuthrodd am y truan a'i geg led y pen ar agor. Ond, gelwaist ti, Columba, ar Dduw, a chodwyd ofn ar yr anghenfil gan arwydd y Groes – diflannodd mewn munud. Dywed Adamnan fod hyd yn oed y Paganiaid diddiwylliant, a dystiodd i'r wyrth, wedi eu synnu gan nerth a dylanwad Duw y Cristion.

*   Dy ddymuniad oedd marw ar Iona yn ddirodres ymhlith aelodau dy gymuned. Ar 9 Mehefin 597, gwireddwyd dy ddymuniad. Er mai canol haf ydoedd cododd storm fawr yn y swnt ac ni lwyddodd neb i gyrraedd yr ynys i'r angladd. Fe'th gladdwyd ger dy eglwys yn dawel ac yn syml gan dy fynachod.

*   Columba – unwaith yn arweinydd byddin, o dras frenhinol, gwleidydd, bardd, cenhadwr a hyfforddai fynachod mewn cymuned Gristnogol ar Iona, blaidd a cholomen yn un, arloeswr – Sant.

Oedodd RW ar y copa uwch Bae Columba i edrych

tua'r gorwel pell. Dychmygodd gwrwgl Columba yn agosáu. Byddai'n fwy na chyryglau Cymru, ond o'r un cynllun mae'n siŵr. Ceisiodd RW ymrafael â nerth yr ysgogiad cyntaf hwnnw a wthiodd y cwch i'r dŵr a'i yrru ymlaen tua'r dibyn a thu hwnt. Ymddiriedaeth lawn, a'r awydd am antur. Ni ryfeddai RW petai'n dod wyneb yn wyneb â dau neu dri o fynachod Columba yn dod i'w chyfarfod o'r tu hwnt i'r graig nesaf.

Safodd RW ar y graig ym mhwll y bae – ei chefn tua'r cefnfor, a'i hwyneb yn agored tua'r ynys. O'r ddaear, o'r gwraidd y daw'r cynnwrf prin hwnnw sy'n cyffroi'r corff o'i sawdl sefydlog i'w gorun, a thu hwnt.

Eisteddodd ar y traeth a'i llaw yn gogrynu'r cerrig o'i chwmpas. Dyma rai o gerrig hynaf y byd, eu lliw a'u patrymau yn unigryw. Gemau Iona. Meddyliodd RW am holl gerrig Iona, o Fae Columba hyd at y Cerwyn gogleddol, sydd bellach yn gorwedd ar silffoedd pentan ym mhob cwr o'r byd. Mae i bob carreg ei hanes arbennig, ei dawn dweud. Meddylia RW am ei thuedd hi i droi ei golwg tua'r nen i ganfod y Duwdod, gan ddamsgan y ddaear dan draed, fel pe bai ond yn ennyn sarhad. Cododd RW garreg emrallt a'i gosod yng nghwpan ei llaw er mwyn edrych ynddi am adlewyrchiad y

cyfrinachau'r creu: ar erwydd y byd, cryndod cyfriniol cariad.

Llawenhawn! Atseiniwn rhwng crombil y creigiau a chromen yr haul i gyrraedd yr Amen.

CRWYDRODD RW ar hyd y bryncyn sy'n ymestyn o flaen yr Abaty. Safle da i 'studio'r mynd a dod o gwmpas y lle. Edrych o hirbell yw dewis RW, heb ei darbwyllo o'r Bywyd Crefyddol. Mwynha awyrgylch yr adeiladau, a chyfeillgarwch ambell un o'r gweithwyr yno.

Yr Abaty yw prif atyniad ymwelwyr i'r ynys. A fyddai arbenigrwydd Iona yn parhau pe na bai yma Abaty? Teimla RW ei bresenoldeb yn drwm ar y tirwedd. Cofia sylwi wrth groesi'r swnt o Fionnphort mor dda yr ymdoddai'r garreg frithgoch i'w hamgylchedd. Heddiw, o'r safbwynt yma o gopa'r bryn, gwêl faint y gwrthgyferbyniad: tŵr wedi'i adeiladu garreg wrth garreg a'i ymylon wedi'u diffinio i greu terfynau, i gadw, i arbenigo, i amddiffyn, i roi esboniad, i grisialu, i greu system na all ond bollt o'r nefoedd ei thrawsnewid. Ond y graig o'i gwmpas blith draphlith, weithiau yn aflednais ei siâp, yn ymledu, yn ymwthio, yn ymestyn, yn tyfu – a phwy a ŵyr sut?

Teimla RW fel troi'i chefn ar yr Abaty, a rhedeg i ganol rhyddid dirgel yr ynys. Ond mae hi'n hwyrhau, a'r haul yn adlewyrchu'n goch ar garreg yr Abaty. Ymlwybra i lawr y bryncyn, trwy'r llidiart a thu hwnt i'r bocs casglu rhoddion. Chwilia am gyfle i wrando am y tawelwch. Mae'r clasordy wedi

ei lifoleuo'n fwyn, a'r eglwys yn gynnes yng ngolau'i chanhwyllau. Adlais addoli yn ymdroi yn y trawstiau, a hanes yn hirymaros.

WEITHIAU, llwydda RW i gyrraedd pegwn uchaf Iona. Pererindod achlysurol pan fo awydd i ymestyn am y copa. Mae llethr Dun I yn serth, ac fe golla ei gwynt cyn cyrraedd y brig, ond ar ddiwrnod heulog, clir mae'n bleser, nid gwaith, i'r galon.

Saif RW ar y copa yn profi'r gamp. Anadla'n ddwfn ac yn sicr. O'r uchelderau y daw'r cynnwrf prin sy'n cyffroi'r ysbryd, y cyflenwad o'r gwroldeb sy'n ei hannog i symud ymlaen yn y byd, rhoi bywyd i'w syniadau. Dywedir bod ambell wareiddiad wedi byw mewn ofn o'r wybren uwch eu pen. Dywedir hefyd mai o'r awyr y daw diwedd ein gwareiddiad ninnau – rhyw gerrig gwibiol. Mae'r posibiliadau yn faith o'r diddim anhysbys hwn.

Dyma'r lle i fod yn llygoden ac yn eryr ar yr un pryd, dyma lle gwelir siâp Iona, ei mannau cysgodol a'i mannau agored, y corsydd a'r tywod euraid. Hawdd fyddai deall petai hanes wedi anwybyddu'r tamaid tir hwn – ei thair milltir o hyd a milltir a hanner o led, y Pentref, yr Abaty a'r tyddynnod yn britho'r ynys – Lagandorain, Cnoc-cul-phail, Achavaich, Clachancorrach, Ruanaich, Culburig, Sithean, Traighmor. Dyma'r lle i ystyried perspectif hanes – dychmygu'r Derwyddon yn addoli'r haul efallai, Columba yn glanio, y Llychlynwyr yn rheibio'r ynys, ymwelwyr megis Walter Scott, Keats, Mendelssohn, R.L.Stevenson, Richard Attenborough, Robbie Coltrane. Teimla RW addunedau canrifoedd yn ymgasglu o'i chwmpas yng nghesail pob craig, yn leinin pob cwmwl. Ychwanega hithau atynt.

A dyma'r lle yr atgoffir ni fod mannau y tu hwnt i draethau Iona hefyd. Cred boblogaidd yw honno sy'n mynnu fod byw ar ynys yn ddihangfa o lwybrau anochel bywyd. Nid felly i RW, oblegid megis dechrau mae'r daith ar ôl cyrraedd Iona.

Wedi atgyfnerthu, cychwynna RW i lawr llethrau Dun I. Cofier taw 'I' fel yr 'i' Gymraeg yw'r ynganiad, ac nid 'Dun One', neu 'Dun Eye', na 'Dun Aye', ychwaith er ceisio mabwysiadu'r acen bwrpasol.

YMDDENGYS I RW mai ychydig sy'n fodlon ar y syniad taw dim ond gweinyddes yng Ngwesty'r Argyll ydyw, ac mai Iona yw ei chartref presennol. Maen nhw'n mynnu fod mwy i fywyd na gweini. Gwna hyn i RW hel meddyliau. Hawdd i blentyn ateb gobeithion oedolion gyda'r frawddeg

4 owns margarîn
4 owns siwgr
2 wy wedi'u curo
6 owns blawd codi
1 llwy de sinamon
8 owns briwfwyd melys
2 owns ceirios wedi'u torri'n fân
1 llwy fwrdd marmalêd

Gosodwch y ffwrn ar 325°F, 170°C, Marc 3.
Irwch dun cacen 7 modfedd.
Cymysgwch y margarîn a'r siwgr nes bo'n ysgafn.
Curwch yr wyau i'r cymysgedd.
Gogrwch y blawd a'r sinamon a'u plygu i'r cymysgedd.
Ychwanegwch y briwfwyd a'r ceirios. Cymysgwch.
Tywalltwch y cymysgedd i'r tun cacen a'i lefelu.
Coginiwch am 1 awr 30 munud nes bo'n gadarn.
Gadewch y gacen yn y tun am 10 munud cyn ei throi allan.
Gorchuddiwch y gacen â marmalêd cynnes.

GADAWODD RW Y GWESTY a cherdded tua'r gogledd. Troi cefn ar y Pentref a'r Abaty, ar eu gwedd dwristaidd. O'i blaen, y cyfuniad perffaith – môr a mynydd, creigiau a thir glas, tywod ac ewyn. Ar y gorwel, amlinelliad o'r ynysoedd hynny ag enwau rhamantaidd fel Treshnish, Coll a Tiree.

Darganfu RW gilfach gysgodol. Gorweddodd ar y glaswellt i syllu ar y cymylau. Mor ddi-straen yw edrych tua'r ffurfafen ar wastad y cefn, dim cric yn y gwddf, dim gorfodaeth i droi'r golygon yn ôl at bethau daearol. Neithiwr, roedd pedwar ohonynt yn gorwedd ar darmac caled y ffordd yn cyfri'r sêr gwib uwchben. Ar Iona mae'r düwch a'i gyfoeth

serennog yn mynnu sylw. Teimlad rhyfedd oedd bod ar echel anghyfarwydd ac ymarweddiad anghonfensiynol. Rhyw deimlad pleserus o ryddhad yn eu sefyllfa ddiamddiffyn. Y ddaear yn eu cynnal. Creu amser i wylio'r sêr, tra bo eraill yn rhuthro dan do i ymbalfalu am y swits trydan.

M AE RHYWBETH CARTREFOl ynglŷn â sgyrsiau fin nos. Pan fo dau yn ymgynnull mewn cegin gynnes, o gwmpas y bwrdd – potel o win a bara ffres wrth law, mae'r awr yn annog datguddio cyfrinachau lu.

'It's good to have you here,' meddai yntau. 'I don't know what it is about you – you're neither here nor there.'

R OEDD HI'N BRYNHAWN HYFRYD. Mi fyddai hi'n brynhawn hyfryd beth bynnag oherwydd dyma ei diwrnod rhydd. Ond roedd hwn yn arbennig. Eisteddodd RW efo Rab mewn rhan o'r ardd na sylwodd arni o'r blaen. Edrychai popeth yn ffres ac addawol. Y gwyrddni mewn rhesi taclus, y blodau ar eu gorau. Blanced ar lawr, hambwrdd o de Earl Grey wrth law, a'r haul ar ei anterth. Sgwrsio a gwrando, ysgrifennu a darllen. Dyma ystyr bod yn hapus.

Taflodd dair ceiniog, a dehonglodd Rab yr *I Ching* iddi. Teimlodd yn anfodlon rhannu ei chwestiwn ag ef, ond buan y sylweddolodd mor afresymol oedd hyn. Ef oedd yr athro. Roedd y cwbl yn gymhleth a symbolaidd ar ei darlleniad cyntaf, ond eglurwyd llawer wrth iddynt gyd-ddarllen. Roedd hi'n synnu sut y medrai ei diddordeb mewn crefydd gyd-fynd â defnydd o'r fath oracl. Ond ceisia fod yn agored i'r gwirionedd o ba bynnag ffynhonnell y deillia, fel y dywed Cyngor y Crynwyr. Cafodd RW ddeunydd pensynnu, ac onid dyma yw nodd ei ffyniant?

Anodd oedd gadael y llecyn yn yr ardd er i'r te oeri ac er i Rab fynd yn ôl at ei waith. Diolchodd fod amser wedi sefyllian a gobeithiodd am sawl eiliad dragwyddol arall.

Ond beth am ddarlleniad yr *I Ching*. Ni thalodd fawr o sylw ar y pryd. Nid oedd yn brofiadol i'w ddehongli. Nid oedd yn deall. Ai arwydd ydoedd o'r hyn oedd i ddod? Taran o neges ysgytwol? Oblegid roedd ei hapusrwydd i'w chwalu'n deilchion y prynhawn hwnnw. Ar yr union adeg pan oedd y jig-so yn tyfu i edrych ychydig fel y darlun ar glawr ei bywyd, cymysgwyd y darnau a'u chwydu yn ôl i gorneli tywyll yr ymennydd. Un alwad ffôn, a throellwyd ei byd i dryblithdod.

Newydd drwg. Bu damwain yng Nghomin Greenham. Lladdwyd Helen gan gerbyd.

Nid oedd wedi ei pharatoi i dderbyn llymder y geiriau. Ond roedd Molly yno a Mari. Daeth Rab â phaned o de, rhosyn coch a mêl melys iddi. Roedd ei dwylo yn crynu a rhoddodd ei freichiau amdani. Ond ni wnaiff tatw aros am un dyn, meddai, a gadawodd i dendio'r pryd bwyd. Ac felly y bu. Ymlaen yr aeth bywyd.

Ond rhaid i RW achub un awr i fod mewn tawelwch, i fod ar ei phen ei hun, i gysidro beth sydd wedi digwydd i'w byd, pa newid mae marwolaeth wedi ei wneud iddo. Dihangodd i fyny'r bryncyn y tu ôl i'r ysgol i'w hoff greigsedd uwchben y byd ac ar drothwy byd arall. Nid yw hwn yng ngolwg Helen mwyach. Roedd hi'n ddwy ar hugain oed a phawb yn tybied y byddai'n cyrraedd y pedwar ugain. Cyn lleied o amser i ddatblygu ei ffordd hi o wneud pethau, a'i ddangos

48

i eraill. Daeth atgofion lu, a RW'n eu hanwesu'n ofalus rhag iddynt lithro i ebargofiant. Helen ddywedodd ei bod hi'n iawn cael blodau gwyllt yn yr ardd os mai dyna oedd ei dymuniad. Perlysiau hefyd – rhosmari, persli, lafant, saets, llysiau'r gwewyr. Dywedodd wedyn ei bod hi'n iawn plannu'r coed rhosys traddodiadol hefyd os mai dyna oedd ei dymuniad. Helen gyflwynodd y Waterboys iddi, a bwyd llysieuol. Helen luniodd siart ei geni a rhoi ystyr i ddylanwad y planedau. Helen roddodd lyfr Virginia Woolf iddi – *A Room Of One's Own* – 'Rhywbeth i dy ddechrau di ar dy ffordd. Cer amdani!' meddai. Gwanwyn '87.

Haf '89. Ai meudwy yw RW nawr ar ynys bellennig? Ond dyna fel y bu hi erioed. Cydymdeimlo, cyd-freuddwydio, cyd-ddelfrydu, ond Leo oedd Helen a RW'n Acwariws – a dyna'r gwahaniaeth sylfaenol. Eistedd yn ei hystafell wnâi RW, syllu mas trwy'r ffenest, rhoi'r byd yn ei le. Gwelodd leuad newydd, gwelodd Helen y lleuad lawn. Dyna pam roedd Helen am brotestio. Dyna pam aeth Helen i Gomin Greenham. Dyna pam y bu farw Helen.

Wylodd am farwolaeth ffrind ac am farwolaeth prynhawn perffaith. Dymunai gwmni'r rhai hynny a fyddai'n cofio gyda hi. Ond nid oedd neb.

Meddyliai amdanynt oll wrth eistedd ar ei chreigsedd uwchben y byd ac ar drothwy byd arall. Taflodd ei meddyliau dros gannoedd o filltiroedd. Fedrai hi wneud dim mwy.

CASTIO CYSGODION

(ER COF AM HELEN)

Marw yn ddwy ar hugain,
A oes tegwch?

Gobeithion,

Breuddwydion,

Cyfeillion,
Pa ots amdanynt?
Pwy yw Hwn
Sy'n chwifio hudlath
I bennu amser?

Twyllwr!

Castiwr!
Does dim rhesymu
Ym mhatrwm ei anadlu.

Hithau'n mynd a dod fel lleuad wen
Yn bylchu trwy'r haenau cymylau
Cyn diflannu i'r düwch.

Ac eto,
Fe gwyd drachefn
A gwên ar ei hwyneb.

ROEDD HI'N LLEUAD LAWN neithiwr. Y llanw yn uchel ers rhai diwrnodau a'r gwyntoedd yn stormus. Heddiw mae'r môr ar gefn ei geffyl eto, y

gwynt yn gydymaith iddo, yn unplyg eu bwriad. Cenhadon ar eu taith i geisio tröedigaeth pagan-ddyn sy'n credu mai ef yw Duw. Cyfeiliornad yw hyn. Heddiw, ni all y llong fferi groesi'r swnt. Ni fydd llythyron, ni fydd papurau, ni fydd bwydach.

Ymleda'r môr. Anadla'n ddwfn gan lenwi'r ceudod dyfrllyd i'r ymylon. Neifion sydd Dduw.

CERDDA GYDA PHWRPAS, ond nid yn ddisgwylgar. Ni hidia beth sy'n ei haros tua'r gorllewin. Ar y traeth tyr y tonnau yn wyn, yn ffres, yn fywiog. Anadla RW yn ddwfn. Rhwydd hynt i'r môr yn ei hysgyfaint.

Ond twyllo wna'r tonnau gwyn. Nid ydynt fel y tybiodd. Budreddi yn llygru ein traethau gyda'u gweddillion sebonllyd. Y môr yn gludydd diniwed. A oes raid i ni amharchu'n daear? A oes raid i RW boenydio ei hunan fel hyn? Beth yw'r gynneddf ddinistriol yma sydd ynom? Ai hyn yw pechod gwreiddiol? A'n ganwyd ni yn dreisgar a diofal, yn boenus bryderus? 'Na!' gwaedda i'r gwynt. 'Ni all hyn fod!'

Try ei golygon tua'r môr, ac fe waeda'n goch ar y tywod.

CAFODD RW GANIATÂD i grwydro trwy'r cynteddau pell hynny yn yr Abaty sydd y tu hwnt i'r arwyddion 'Preifat' neu 'Staff yn Unig'. Clywodd fod llyfrgell yno, a dyma'r rheswm iddi fentro allan o'i chynefin.

Gyda dawn dychymyg, meddylia RW fod llyfrgell yr Abaty fel Arch Noa. Llyfrau wedi'u hamgylchynu ag estyll pren. Estyll yn goch eu gwawr ac yn gynnes, yn crymu'n esmwyth, yn glyd. Ffenestri bach fel ffenestri llong, a chloriau pren iddynt er mwyn cau'r tywydd allan. Teimla RW yn ddiddos yma mewn arall fyd ymenyddol. Llyfrau fu blaenoriaeth RW am flynyddoedd. Câi bleser a boddhad dwfn o'u darllen. Peth newydd yw profiad iddi – peth newydd heb ei siartio, peth byw. Wrth swmpo'r tudalennau o'i blaen, gŵyr mai cyfryngu wna llyfrau. Gobeithia fod mwy na hyn.

Gwna arolwg o'r silffoedd, gan edrych yn benodol am enw George MacLeod. Os taw Columba oedd ymgnawdoliad cyntaf Cristnogaeth ar Iona, George MacLeod oedd ei atgyfodiad. 'Beth yw hanes y gŵr hwn sy'n gymaint o bresenoldeb ym mywyd yr Abaty heddiw?' gofynnodd RW.

*	George Fielden MacLeod – mae dros hanner canrif er pan wireddwyd dy freuddwyd o sefydlu Cymuned ar Iona – cymuned eciwmenaidd yn ceisio dulliau newydd o fyw Cristnogaeth yn y byd.

*	Mewn cyfnod pan fo eglwysi yn wynebu newid ac yn chwilio am strwythurau priodol i gyfathrebu eu ffydd, beth sydd ei angen – hyfforddiant, adnoddau, cymdeithas gref? Diddorol yw bwrw golwg ar dy ateb arloesol di, George MacLeod, i'r cwestiynau hyn hanner canrif yn ôl.

*	Treuliaist flynyddoedd cynnar y tridegau yn weinidog yn ardal Govan o Glasgow. Ardal ddiwydiannol a ddioddefodd yng nghyfnod y dirwasgiad. Roedd nifer helaeth o ddynion yr ardal yn ddi-waith, a llwyddaist i gyfeirio gwaith dy eglwys i gefnogi'r dynion hyn yn eu bywydau beunyddiol, a'u denu i wasanaethau'r eglwys.

*	Er gwaethaf llwyddiant dy eglwys, ymddiswyddaist oblegid credaist nad oedd natur gonfensiynol yr eglwys yn diwallu gwir anghenion dynion diwydiannol Govan. Credaist mai trwy arbrofi gyda dulliau newydd o fyw ac o weithio y llwyddai'r eglwys i gyflwyno crefydd i ddynion yn yr oes ddiwydiannol newydd. Dyma faen prawf yr eglwys yn y byd modern. Er mwyn sylweddoli ei phriodoldeb, rhaid oedd dod â dau gategori o bobl at ei gilydd – y gweithwyr a'r gweinidogion. Credaist nad oedd hi'n debygol y gallai'r eglwys addasu i'r sefyllfa newydd o'i chwmpas oni bai i'w gweinidogion dyfu'n ymwybodol o natur yr angen, a derbyn hyfforddiant gwahanol. Dyma hedyn dy weledigaeth, a'th ateb ymarferol oedd sefydlu cymuned.

* Roedd Abaty Ynys Iona yn adfail, a gwelaist gyfle i weithredu dy arbrawf yma. Dy fwriad oedd sefydlu cymuned o weithwyr a gweinidogion cymwys i ymgymryd â'r gwaith o atgyweirio adeiladau'r Abaty. Y nod oedd i garfan o ddynion weithio efo'i gilydd a dysgu gwersi bywyd trwy gyd-fyw, cyd-weithio a chyd-addoli. Byddent yn treulio misoedd yr haf yn unig ar yr ynys gan ddychwelyd i Govan at eu gwaith arferol yn y gaeaf.

* Yn 1938 teithiaist i Iona ynghyd â chwech o weithwyr a chwech o weinidogion i sefydlu Cymuned Iona. Cwblhawyd y gwaith o ailadeiladu'r adfeilion yn 1967, gyda chymorth miloedd o wirfoddolwyr dros y blynyddoedd.

*   Mi est ati i greu cymuned o bobl, oherwydd 'Os mai dim ond cragen o eglwys a adeiladwyd, mae hi'n haeddu cael ei hanwybyddu.' Creu cymuned i ddarganfod ffordd o adnewyddu bywyd yr eglwys a'i hintegreiddio â'r byd – chwalu arwahanrwydd, darganfod dulliau defosiwn i ddiwallu anghenion y bywyd modern. Sefydlu cymuned grefyddol eciwmenaidd.

*   Pan fo'r eglwys yn wynebu cyfnod o newid, rhaid iddi fod yn barod i newid rhai o'i dulliau, ac i arbrofi. Nid bradychu traddodiad yw hyn ond mynegiant o hyder ym mhresenoldeb parhaol yr Ysbryd ym mhob cyfnod. Amlygaist ti y cydweithrediad rhwng dyn a Duw, yr ysbrydol a'r materol mewn partneriaeth fywiog. Fe ddaeth yr ynys yn symbol i ti o barhad ac adnewyddiad. Mynn rhai fod sefydlu cymuned ar ynys bellennig yn hybu arwahanrwydd, ac mai yng nghanol bwrlwm bywyd ar y tir mawr y dylid canolbwyntio gwaith yr eglwys. Cytunaist yn wir mai prif waith aelodau'r Gymuned yw ymgymryd â'u bywydau beunyddiol ar y tir mawr, ond, er mwyn darganfod natur eu gwaith a sylwedd eu bywydau rhaid ymgynnull ar Iona i arbrofi a phrofi theori undod gwaith ac addoliad. Roedd gen ti'r gallu i droi theori yn realiti, a'i gyflwyno mewn dull atyniadol i'r bobl.

*   Gwelaist fethiant yr eglwys i gyfathrebu a

chyd-fyw â chymunedau dosbarth gweithiol ardal ddiwydiannol Govan, mewn cyfnod pan oedd diweithdra yn uchel. Gwelaist mai gwreiddyn y broblem oedd arwahanrwydd – yr eglwys a'r gymdeithas, yr ysbrydol a'r materol, gwaith a gweddi, rhwng pobl a'u gwir natur. Cynigiaist gynllun a fyddai'n integreiddio'r agweddau hyn o fewn fframwaith Cristnogol ond heb fod yn elitaidd ei neges. Dy arbrawf oedd ailadeiladu Abaty Iona fel arwydd o'r undod hwn gan ddefnyddio gweithwyr a gweinidogion.

* Tyfodd cymuned Iona allan o sefyllfa arbennig i ddiwallu anghenion grŵp arbennig o bobl. Mae'r Gymuned a sefydlaist yn goroesi. Erbyn hyn mae cnewyllyn o gymuned breswyl yn gofalu am yr adeiladau, ac yn croesawu ymwelwyr i rannu yn y bywyd cyffredin, yn yr addoliad ac yng ngwaith y gymuned dros heddwch ac iawnderau, undod a chymod. Gellir treulio gwyliau neu wythnos o astudio yn yr Abaty, neu yng Nghanolfan Ieuenctid MacLeod. Mae pencadlys y Gymuned o hyd yn Govan – man gwaith arweinydd y Gymuned, y gweithwyr gweinyddol, grwpiau adnoddau ac addoliad y Wild Goose, a'r gweithwyr Ieuenctid. Mae gan y Gymuned heddiw tua 200 aelod, a thros 300 o bobl yn gysylltiedig â hi i ryw raddau neu'i gilydd. Mae aelodau Cymuned Iona yn driw i reol bum rhan sydd yn eu hymrwymo i

astudiaeth Feiblaidd a gweddi yn ddyddiol,
stiwardiaeth o'u hamser a'u harian, i fod yn
atebol o fewn y bywyd cyffredin, i weddi a
gweithredu dros heddwch ac iawnderau ar bob
lefel. Cenhadaeth y gymuned yw cymhwyso'r
rheol hon i bob sefyllfa mewn bywyd. Os hoffech
fwy o wybodaeth am dreulio cyfnod yn yr Abaty
– fel gweithiwr gwirfoddol neu fel gwestai,
cysylltwch â swyddfa'r Abaty.

Rhoddodd RW y llyfrau yn ôl ar y silff. Roedd y

Gymuned a'r Abaty yma i herio, i adfywio, i greu chwilfrydedd. Stiward yr Abaty yw'r Gymuned – a fedrir gwahaniaethu rhwng y ddau? Blinodd RW. Nid oedd llawer o awyr iach yn y llyfrgell. Gwell symud rhag cael ei chladdu'n fyw fel un o ddisgyblion Columba gynt!

AETH RW I'R DAFARN am noson. Eisteddodd ymhlith gweithwyr Gwesty'r Argyll. Nid nepell i ffwrdd roedd gweithwyr gwesty'r Columba, a thu hwnt eto roedd gweithwyr yr Abaty, ac yn y pen draw gweithwyr Tŷ Bwyta Grants, ac yn eu plith ambell ymwelydd. Roedd i bob uned ei bwrdd, a phawb yn hapus. Roedd heddwch yr ynys yn sicr. Cafodd RW amser da.

'I'M TIRED OF ALL THIS,' meddai Rab. Mae rhesi'r ardd yn unffurf perffaith. Mae'n bryd troi picwarch atynt. Creu cymysgwch. Amlygu'r chwyn. Tanseilio'r System. Pa angen cynnal ffiniau rheolwyr a staff, staff a gwesteion, ni a nhw? Mae pethau pwysicach mewn bywyd. Rhaid i rywun roi ffydd yn ein gallu i greu ac i fentro. Fedra i ddim diflannu tan ddwrn diddychymyg y Sefydliad. Ac os na saif pobl gyda mi, mi heriaf y System fy hunan. Ac mi fyddaf wedi rhoi mwy i'r funud na'r un ohonoch!

CYCHWYNNODD RW tua Cnoc Mheirgeidh, wedi darllen y map a llenwi ei sach gefn. Daeth o hyd iddo yn reit handi. Roedd clwmp o gerrig ar ei grib. Penderfynodd fynd yn ei blaen ar draws yr ynys.

Mae yna ryw anesmwythyd ynglŷn ag ardaloedd

mewndirol yr ynys. Fe'i teimlodd eto heddiw. Mae'n ei hudo i gynhesrwydd cysgodol y ddaear – i bwll diwaelod os na fydd yn ofalus. Cerdda am ychydig, yna aros i ddewis y camau nesaf. Ac wele – gorwel addawol wedi'i oleuo gan yr haul ac yn awgrymu ehangder o olygfa y tu draw, pen y daith efallai? Ond twyll ydyw. Dyma'r cyntaf o sawl gorwel na chyflawna ei addewid.

Saif eto i adolygu'r sefyllfa ac i ddewis llwybr sy'n osgoi merddwr, craig a chors. Wele eto o'i blaen ddewis o lwybrau – llwybrau defaid sicr eu cam. Mae un fel pe bai'n ddisgleiriach na'r gweddill. Dewis hwn yn ffyddiog ac yn hyderus. Ond arwain a wna i'r sugnedd lle diflanna disgleirdeb y llwybr yn y brwyn. Chwerthin yn ddireidus wna'r llais. Chwerthiniad y Corrach sy'n hapus i'w harwain er mwyn ei gadael yng nghanol dryswch. 'Edrych!' meddai, 'Gosodaf o'th flaen fyrdd o lwybrau atyniadol. Pa un a fynni?' Dewisa hithau un, ond nid yw'n arwain i unlle. 'Ha! Ha!' chwardd y Corrach. 'Anghywir.' Rhaid cymryd gofal wrth gerdded y parthau hyn!

Ond fe ddaw sadrwydd o rywle, ac fe gymer y

llwybr sydd heb ei dramwyo. Y llwybr sy'n arwain i'r gorllewin – i ehangder y môr, i ddyfnder y dŵr, i gadarnle'r creigiau. Nid oes twyll yma. Mae popeth fel y mae. Nid oes angen cynilo'r ynni.

Cerddodd RW trwy'r gwamalwch i'r goleuni ac eisteddodd yno yn gwylio'r creigiau'n cael eu dyrnu gan y Dyfnder. Ond nid ildiasant.

LLAWDDEWINIAETH

Darn o graig
Wedi ei dal
Fel llaw yn ymestyn
O gyffiau'r ddaear,
Wedi'i syfrdanu i stad oddefol
Gan gydgyfeiriad yr elfennau.

Wrth edrych arni
Astudiaf ei rhwydwaith gwythiennau,
Ei rhigol bywyd,
Ei rhigol Ffawd,
Ysgubaf y gronynnau o'i rhychau,
Creaf ei hanes,
Breuddwydiaf ei dyfodol
O gilfachau dyfnion
Ei chledr.

Gosodaf fy llaw balf wrth y balf.

Gwn am y curiad sydd oddi mewn,
Gwn am y llwybrau tua'r galon,
Ond wn i ddim

Sut i chwyrlïo'r wybodaeth
A rhyddhau ei hudoliaeth.

Fynnwn i ddim bod
Yn Ddewin
Sy'n dyfalu bywyd o graig,
Datgelu'i phatrwm i'r byd,
A'i gadael heb gysgod.

MAE YNA NEWID YN Y GWYNT. Roedd heddiw dros ben llestri. RW yn gweini brecwast i naw ar hugain ar ei phen ei hunan. Mynnodd fod popeth yn dda, hyd yn oed pan roddodd ddau jwg o goffi trwy un bag ffilter ac yna sylweddoli nad oedd yr un cwpan wedi ei osod ar y byrddau. Roedd hi y tu hwnt i boeni pan sylwodd fod y gwesteion yn codi i arllwys y coffi i'w gilydd. Teimlodd fel cynnig swydd i un ohonynt, ond daeth Martin a'i Brofiad i'r adwy. Piti na ddaeth o'i wely hanner awr ynghynt!

Roedd cinio canol dydd yn afreal. Llond y lle o grachach Seisnig yn eu llodrau pen-glin brethyn a'u lleisiau crand. 'Lovely place you have here. A spot of mustard please, dear. English if possible.'

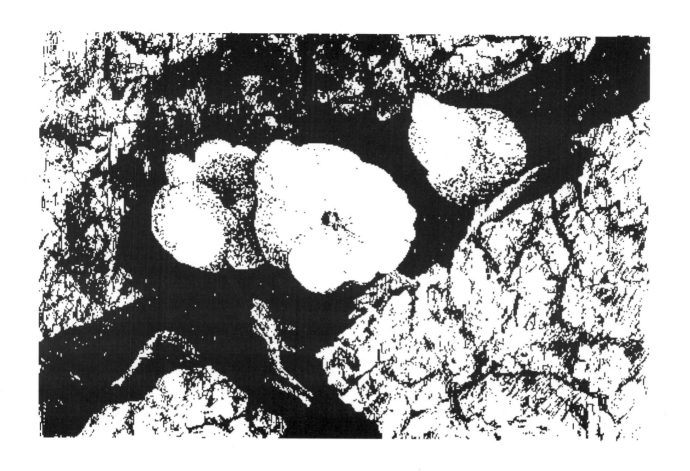

Yng nghysur y Potting Shed mae RW yn hel meddyliau. Hadau aflonydd. Sut mae cymodi dau fyd sydd filltiroedd ar wahân ond yn mynnu sylw fel dau blentyn yn tynnu ar linyn ffedog eu mam? Palu'r ardd yn y bore, dablo mewn athroniaeth a llenyddiaeth yn y prynhawn, rhannu te Earl Grey ar y lawnt. Treulio'r hwyr ar deithiau hafaidd hir, a dod adre i fiwsig Franz Schubert. Bodlon o fyd!

Ond beth am y llais bondigrybwyll sy'n taeru fod achosion pwysicach fan draw – bywyd dinesig, bywiogrwydd y mynd a'r dod, curiad calon gweithredu, pwyso am newid.

Neilltuo o bwll yr ynni dinistriol i ryddhau ei chysgod ei hunan. Ychydig yw ymwybyddiaeth un, ond mae rhagor o'i chwmpas yn ceisio ychwanegu at y wawr olau o gwmpas y byd.

Dyma ddewis RW am y tro.

CHWILIO

Gwae'r sawl a
Syrthiodd i'r
Purdan
Rhwng un iaith a'r llall.

Yn gaeth mewn pleten amser,
Yn ymbalfalu â rhyw frith gof,
Blas yn y geg,
Awch ar flaen y dafod,
Atal dweud,
Cysgod gair
Fel gwalch bach
Yn gochel bob gafael
Gan ddiflannu'n benchwiban i'r Gwynfyd
A'i ynganiad ar 'i ôl.

Styfnigrwydd!

68

Yr amharodrwydd i ildio
A chydnabod gwendid,
Rhag profi'r wireb
Fod gwyfyn a rhwd
Yn llygru trysorau ar y ddaear.

Lle felly mae buddsoddi trysor
Gan taw yno hefyd mae curiad y galon?

Weithiau
Mae calonbwynt y byd
Fel pe'n symud.

Y MAE HI'N DAWEL ac yn dangnefeddus yn y Pot-ting Shed. Daisy'r gath yn belen ddu ar y gwely. Tywydd stormus y tu allan. Ond mae Rebecca wedi gadael. Mae ganddi'r ystafell i'w hunan nawr. Fe wêl RW ei heisiau, ond gall ddefnyddio'r gwagle ar gyfer ei meddyliau.

Ond nawr, Kafka a'i Gastell. Pobl yn gaeth i'w systemau, systemau, systemau. Nid ydynt yn bod oni rydd Awdurdod deitl a statws iddynt. Duw a helpo'r dieithryn nad yw'n ymdoddi. Wedi cant a hanner tudalen o negyddiaeth bur, mae RW yn barod i daflu'r llyfr i'r môr. Ond dyma natur y byd onide? Ystyriwch y stori – penodwyd K yn arolygwr tir i'r Castell. Wedi cyrraedd y pentref ceisia K gydnabyddiaeth oddi wrth y Castell, a rhwydd hynt i ddechrau ar ei waith. Ond awdurdod afresymol, mympwyol yw'r Castell. Nid oes dim yn digwydd sydd y tu allan i gwmpas ei reolaeth. Wyneba K gyfres o rwystredigaethau. Dro ar ôl tro rhaid dechrau o'r newydd. K yn ymdrechu i greu synnwyr o'i sefyllfa a phob ymdrech yn cael ei chawlio gan y Pwerau Uwch.

Pam parhau efo'r fath ymdrech ddibwrpas?

Am y rheswm fod creulondeb y Pwerau Uwch yn caniatáu llygedyn o obaith, a dyn druan yn meiddio gobeithio am haul canol dydd.

Mae Daisy'r gath yn chwyrnu. Mae'n amlwg nad oes ganddi hi ddiddordeb mewn afreswm a gobaith yng ngwaith Franz Kafka.

'EVERYTHING IS SYSTEMIC,' ebe Rab. Y busnes yma o gynnig gwasanaeth, bod yn ufudd, dilyn cyfarwyddyd digwestiwn. Fe danseilia hunan-barch a phersonoliaeth.

Ond beth yw System? Diffinia dy dermau, Rab. System yw Natur – a oes rhaid ei thanseilio hi?

Roedd Rab am newid y byd.

Roedd Rab am symud ymlaen – 'free spirit' fel maen nhw'n dweud. Ni all newid dim yma, ac nid cyfaddawd yw bywyd i Rab.

Mi fydd hiraeth mawr ar ei ôl.

CWLWM

Paid ag aros i mi!
Falle
Y bydd hi'n wythnos
Neu'n fis
Neu'n flwyddyn
Neu fyth. . .

Mae fy nghareiau ynghlwm
At 'i gilydd, a gwn
Fod dy fryd ar fynd
I'r ddawns.

Paid ag aros i mi!
Mae dy hiramynedd
Yn pwyso'n drymedd,
Yn brawychu fy rhyddid,
Cymylu cyfarwyddyd,

Yn gwanu'r galon,
Tro d'olygon!

Paid ag aros i mi,

Ond paid â mynd hebof fi.

RHODDODD RAB ei gopi ef o'r *I Ching* i RW cyn gadael. Fe'i ceidw yn glòs ati. Y mae fel delw o Bwda, yn ddwfn mewn myfyrdod mwyn. Weithiau fe eistedd ar ei gwely, weithiau ar y bwrdd bach, weithiau ar y silff lyfrau. Atgof o'i holl brofiadau yn y gwesty yr haf hwnnw. Yn amyneddgar, mae'n aros ac yn disgwyl. Mae digwyddiadau wedi ei hannog i droi ato sawl gwaith. Ei atebion weithiau yn ddirgelwch, fel aml i ffrind newydd. Ond hyn yn symbylu nofis chwilfrydig i ddyfalbarhau, i ddarganfod y lili. Rhaid ymdrechu i'w adnabod yn well. Rhaid dilyn rhediad ei feddyliau. Dyma ffrind newydd.

Llyfr arweiniad yn sicr sydd ei angen ar y gwesty y dyddiau yma. Nid yw hi erioed wedi profi cymaint o newid mewn tymer a pherthnasau ag sydd wedi bod yma yn ystod yr wythnosau diwethaf. Mae Rebecca yn gadael, ac yn sydyn teimla RW yn unig ac yn ansicr. Mae hi'n stori hir. Roedd popeth yn dda hyd nes i'r tymor madarch hud ddechrau. Ac yna'n ddiarwybod tyfodd gwahaniaethau – y cyfranogwyr a'r ymwrthodwyr. Ni hidiai hi ar ôl cael sgwrs efo Molly – pawb at y peth y bo. Mae bywyd yn rhy fyr i bigo beiau. Ond neithiwr daeth Rebecca i'w hystafell. Ni allai ddioddef y cau allan mwyach, roedd hi am adael. Felly heddiw mae'r gwaelod wedi gollwng tan fyd RW.

Rhywsut mae cyfeillgarwch RW â gweddill y staff yn hwyliog ond nid yn hanfodol. Mae Rebecca yn wahanol. Mae'r ddwy ohonynt yn mynd a dod fel y mynnont. Rhyddid a sicrwydd. Ffrindiau gorau. Roedd sôn am deithio Ewrop. Bellach mae popeth ar chwâl. Mae Rebecca yn sôn am ffrindiau eraill ac anturiaethau eraill. Beth all RW ei wneud? Trodd ei chwestiwn at yr *I Ching*.

Ei ateb: 'Meddiant Mawr sydd eto yn ei ddechreuad ac nid yw hyd yma wedi ei herio, ni ddaw â bai, oblegid ni fu yma gyfle i wenud camgymeriad. Eto, y mae nifer o anawsterau i'w gorchfygu.'

Â ymlaen i rybuddio: 'Ni ddylai dyn mawrfrydig, rhyddfrydig ei feddwl ystyried ei feddiant fel eiddo personol, cyfyngedig iddo ef, ond yn hytrach dylai ei osod at wasanaeth y rheolwr neu'r bobl yn gyffredinol. Wrth wneud hyn, fe gymer yr agwedd gywir tuag at ei feddiant – ni all oroesi fel eiddo preifat. Nid yw'r dyn cul ei feddwl yn abl i wneud hyn. Fe'i niweidir gan Feddiant Mawr, oherwydd yn hytrach na'i aberthu, fe'i ceidw i'w hunan.'

Os mai cyfeillgarwch RW a Rebecca yw'r Meddiant Mawr, y mae'n amlwg a chywir i RW adael iddi fynd yn llawen. Dyma obaith eu cyfeillgarwch.

Mae pawb o bwys ym mywyd RW yn gadael. Dyma natur ddiflanedig bywyd yr ynys. Beth yw ystyr hyn iddi hi? Bwydo'r tristwch, yr unigrwydd a'r ansicrwydd hyd oni'u diwellir. Ac fe ddigwydd eto, ac eto, ac eto. Fe gofia i Rab ddweud wrthi unwaith ei bod bob amser yn ymddangos yn dawel a digyffro er gwaetha popeth. Pwrpasol iawn i weinyddes yng Ngwesty'r Argyll. Yn allanol efallai, ond mae ei thu mewn yn aml yn corddi. Dywedodd wedyn mai rhywbeth i roi trefn arno oedd ei hanhrefn er mwyn cyrraedd y tawelwch y tu hwnt. Proses yn unig. Ond nid yw hyn yn golygu nad yw RW yn teimlo'r boen, ei bod yn oer ac ansensitif. Y mae hithau yn dolurio hefyd, ac mae hi'n dolurio nawr. Mae'r anhrefn yn dywyll ac yn ddwfn, ac ni fyn oddef ymdopi rhagor!

Rhaid symud ymlaen.

Dyma mae RW yn ei ddysgu – os am gadw Ffrind rhaid bod yn barod i roi iddo ei ryddid, efallai y daw yn ôl fel colomen Noa, neu gadw mewn cysylltiad.

Dyma mae RW yn ei ddysgu – cariad yw derbyn Ffrind fel y mae. Sylweddoli fod bywyd yn gyfoethocach oherwydd Ffrind. Dymuno'n dda i Ffrind ym mhob agwedd ar fywyd, er nad yw'r hyn sydd dda bob amser yn cynnwys RW.

GADAWODD RW Y GWESTY a cherdded tua'r groesffordd. Y mae yna groesffordd bob amser. I ba gyfeiriad heddiw? Oeda am eiliad, ond mae'r penderfyniad eisoes wedi'i wneud.

Cymer ryw ugain munud i adael y Pentref a'i bobl. Cerdda'n llawn pwrpas ac yn ddisgwylgar gan ganolbwyntio ar natur ymlacgar anadlu'n ddwfn. Ei holl symudiad yn ceisio llonyddwch.

Nid oes llawer o bobl yn cerdded tua'r gogledd heddiw. Brasgama heibio i bâr oedrannus. Teimlodd yn chwith wrth oddiweddyd henaint. Rhydd gipolwg ymddiheugar gan dybio yn siŵr eu bod yn hiraethu am eu hieuenctid. Oeda wrth y gât.

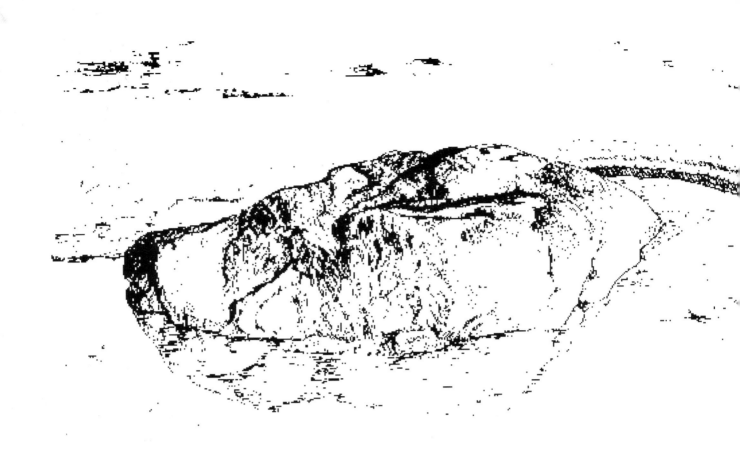

Mae'r olygfa yn datod y clymau y tu mewn i'w phen gan adael i'r edafedd chwifio yn y gwynt.

Mae'r traeth yn wag heblaw am ddau smotyn du yn y pellter. Glas yw'r awyr. Peidied neb byth ag amddifadu'i hun o obaith os oes digon o awyr las i wneud trywsus morwr. Cerdda RW yn droednoeth ar y cerrig garw. Y mae'n boen pleserus. Eistedd ar y tywod gwyn gan adael y môr i mewn. Glesni a'i amrywiadau yw'r môr hefyd. Tyr y tonnau mewn tro perffaith rhwng y creigiau. Maent yn estyn amdani i'w thynnu i ehangder y Dyfnder. Na, rhaid i Ferched y Môr fod yn amyneddgar. Edrych RW tua'r creigiau. Dyma ei hamddiffynfa. Dyma ei chydbwysedd perffaith. Mae'r darlun yn newid o eiliad i eiliad – hawdd yw addasu i'r wawr newydd, medd y môr a'r creigiau cadarn.

Mae'r ddau smotyn du nawr yn tresmasu ar ei golygfa. Cerddant yn feiddgar rhyngddi hi a'i chydbwysedd perffaith. 'What time is it, please?' gofynnodd un ohonynt. 'We mustn't miss the last ferry home.' Cilia'r smotiau duon o'i golwg. Diflannodd ei chydbwysedd perffaith.

39 - 8/01
19 - 3/02
30 8/02
15 - 2/03
44 - 4/04